54432519R00070

Made in the USA
Lexington, KY
16 August 2016